from **33** to **29**
세상에 말 걸기

from 33 to 29
세상에 말 걸기

지은이 | Miniben & Cynicalbaby
펴낸이 | 배진희
펴낸곳 | 머그 MUG
등록 | 제 381-2008-00003호
1판1쇄 발행 | 2008년 2월 15일
주소 | 경기도 성남시 분당구 금곡동 코오롱 트리폴리스 A-1204
전화 | 031-728-0771
팩스 | 031-415-9735
홈페이지 | www.mugplay.com
전자우편 | mugplay@mugplay.com

편집 | 정승원
사진 | Miniben & Cynicalbaby
글 | Miniben & Cynicalbaby

출력 | 임펙트
인쇄 | 대흥 C&P
제본 | 대흥 C&P
ISBN | 978-89-960-7330-7
값 16,500원

잘못 만들어진 책은 구입하신 서점에서 바꿔 드립니다.
이 책에 사용된 사진의 저작권은 저자에게 있으므로 무단 전재 및 복제를 금합니다.

서른 셋에 돌아 본 스물 아홉의 발걸음

Miniben & Cynicalbaby

Contents

11 | 그녀, 세상에 발을 딛다.

길이 정해지지 않는다
산자락 끝에 서서 우연한 인연을 갖다
그들을 알아보다
얼음 물통을 든 방랑자 모하메드
스치듯 안녕을 말한다
동굴에서 우연을 만나다
팬션 앞 길을 계속 걷는다
팬션 앞 길에서 여인네들을 발견한다
그곳에 그가 있다
하늘이 높아보이는 이유
그는 왼손잡이다
선장과 함께 그곳에 다가가다
이름이 기억나지 않는 마을
바람을 벗삼은 마을에 잠시 머물다
그녀, 다른 그녀를 만나다
그녀에게 오는 길

115 | 그녀, 원더랜드에 가다.

이상한 나라의 피노키오,
피터팬을 만나다.

133 | 달콤 쌉싸래한 만남, 그래서 더욱 아름다운…

금강산도 식후경
어디로 가니?
그들 뒤에 서다
그녀, 낯선 도시를 걷다
'위쉬퀴다르'를 보다
아직도 그곳에 있을까?
눈이 큰 아이와 마주치다
기도, 염원, 그리고 인간이 있다
그녀의 얼굴을 보고싶다
Love in Istanbul

55 | **그녀, 유혹의 세계로 가다**

그녀와 닮았다
You're so beautiful!
EFES, 어떤 유혹보다도 강하다
그녀, 한 잔의 여유에 사치를 부려 본다
빨간날개를 단 생선들
그녀, 색을 정의하다
My great grandmother's secret recipe!!!
Somebody watching?
여름날의 서늘한 밤공기를 즐긴다
아름다운 것들이 영원할 수 있다면
온천은 쑥스러워

93 | **그녀, 하늘을 날다**

하늘에 첫발을 내디뎌본다
그들에게 무한한 박수를
안녕 무스타파! 안녕 핫산!
Fly to the sky!
그녀, 다시 꿈을 꾼다
그들, 로프를 잡는다

161 | **그녀, 매직카펫 드라이브하다**

Do you believe Aladdin?

181 | **그녀, 세상으로 뒷걸음질치다**

The harbour scene
세상으로 돌아갈 배를 탄다
하나의 노래만 되뇐다
진정한 관광객이 되어 보다
일행이 있는 여행이라는 것
그녀, 한 여인을 보다
하루를 마무리하다
마지막 쉼터에 도착하다

발 내딛기

이 긴 여행의 시작은 앞뒤 재지 않고 무턱대고 일을 시작하는 그녀의 성격에서 시작된다. 그녀를 아는 이들은 그녀에게 '군인'이라 말하고 그녀는 항상 일을 추진할 때 "전쟁이야" 라고 말하며 여기저기를 다니고 이것저것을 저지르고 다닌다. 이 여행의 시작도 다르지 않다.

어느 날 그녀는 친구의 한마디에 주저 없이 낯선 땅에 간다. 그 낯선 땅에서도 그녀는 여전히 생각보다는 행동이, 감상보다는 공감을, 관망보다는 참견을 우선으로 많은 사람들과 만난다. 그러다 그녀는 그 만남들이 지난 과거 속으로 사라질 무렵 자신이 얼마나 오만했으며 많은 것을 지나쳐 갔는지에 대해 생각하게 된다. 그녀는 꽤 오래된 여행 일기를 꺼내고 사진들을 다시 찾아본다. 그녀는 그녀와 같은 길을 걸어 주었던 친구를 그녀의 사진 속에서 다시 만난다. 그녀의 친구가 처음 그녀에게 권했던 것처럼, 그녀는 그녀의 친구에게 추억을 만들어 보자고 권해 본다. 그녀의 친구 또한 그녀가 처음에 대답했던 것처럼 기꺼이 동의한다. 이 책 속의 그녀들은 20대의 끝 자락에서 맛 본 긴 여행의 아련함을 서른 셋이 된 지금 다시 같은 시간과 공간을 공감하고 있다. 그녀들은 서로 다른 기억을 쫓고 있지만 그녀들의 추억은 결국 같은 길을 걷고 있음을 알게 된다.

2008년 1월 Miniben

추억 쫓기

스물 여덟 여름에 처음으로 비행기를 탔다. 서울 근교조차 돌아다니는 법 없이 방콕족의 일상을 살아가던 나에게 드디어 바람이 든 것이다. 바람을 불어넣은 후배의 말에 동조하여 배낭을 메고 도착한 그곳은 터키, 빛나는 바다와 그보다 빛나는 눈빛들이 사는 곳.

20일간의 터키여행은 그 이후 315일간 내 에너지가 되었고, 이듬해에 나는 또 그곳에 날아갔다-이번엔 내가 바람을 불어 넣은 MiniBen과 함께-. 작년에 갔던 곳을 똑같이 되짚어가며 그 때는 미처 느끼지 못했던 것들을 소중히 주워 담아, 익숙해진 그 땅 위에 또 다른 추억을 쌓는다. 하지만 지금 생각해 보면 터키를 첫 여행지로 택한 것은 행운이자 불행이다. 그 이후로 어디를 가도 그만큼 나를 행복하게 하는 곳은 없었으니까. 몇 년이 지난 지금도 그 때의 사진을 꺼내보면 마음이 아리고 가슴이 뛴다. 내게는 영원한 오아시스 같은 곳. 지금도 이스탄불의 그 어느 골목에 내려주면 어느 길을 지나 무엇이 있고, 어느 가게엔 무엇이 맛있었는지 바로 찾아갈 수 있을 것 같다. 그 기억을 이 작은 책에 담아 더 오래 기억할 수 있게 되어 기쁘다.

언젠가 다시 한번 찾아 갈게, 그때까지 기다려 줘.

2008년 1월 Cynicalbaby

그녀,
세상에 발을 딛다

길이 정해지지 않는다
산자락 끝에 서서 우연한 인연을 갖다
그들을 알아보다
얼음 물통을 든 방랑자 모하메드
스치듯 안녕을 말한다
동굴에서 우연을 만나다
팬션 앞 길을 계속 걷는다
팬션 앞 길에서 여인네들을 발견한다
그곳에 그가 있다
하늘이 높아보이는 이유
그는 왼손잡이다
선장과 함께 그곳에 다가가다
이름이 기억나지 않는 마을
바람을 벗삼은 마을에 잠시 머물다
그녀, 다른 그녀를 만나다
그녀에게 오는 길

"모르겠어"

길이 정해지지 않는다.

로즈밸리에서 그녀는 두 갈래의 길을 만난다.

어디가 끝인지는 모르지만 한 길은 다시 들어가는 길이고 다른 길은 나가는 길이다.

그러나 그녀는 들어가야 할지 나가야 할지 조차 모른다.

앞에 놓인 길은 방향이 분명히 정해져 있지만 그녀는 그냥 그곳에 한참 동안을 서 있는다.

그녀는 되뇐다.

"안녕" 산자락 끝에 서서 우연한 인연을 갖다.

그녀는 그와 그의 파트너를 통해 카파도키아의 산자락을 공감한다. 그녀는 그들의 뒤를 쫓는다. 산으로 동굴로 숲으로 하늘로… 그녀는 하늘에 말을 건넨다. ⓜ

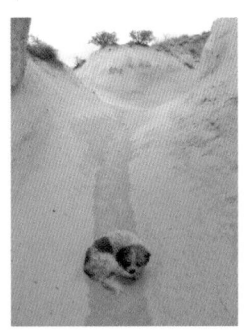

로즈밸리 투어의 가이드였던 핫산은 웅얼웅얼하는 듯 하면서도 조목조목 말하는 관광영어의 달인. 특별히 그날 우리의 투어에는 트레블러스 팬션의 강아지도 동행했는데 여러 번 이곳을 와 본 것인지 우리를 앞서 길을 안내하기까지 했다.
두 가이드 덕분이었을까?
두 번째 온 로즈밸리였지만 지난번에는
미처 보지 못한 것을 본 것 같은 기분이 든다.
바람은 더 시원했고, 햇빛은 덜 따가웠으며
내 심장은 더 두근거렸으니까. ⓒ

카파도키아를 소개할 때 흔히 이런 장면의 사진들이 쓰인다.

다만 몇 컷의 사진으로 표현하기에는 아니 세상의 어떤 카메라를 동원한다 해도

눈 앞에 펼쳐놓은 이 광경을 설명하기는 힘들 것이다.

사람이 만들어 놓은 엄청난 빌딩숲에서도 "대단하다!"라는 탄성은 나올 수 있지만

바람과 지구가 만든 너무나 거대한 이곳의 땅에선 대상을 알 수 없는 존경심까지 든다.

장미빛의 돌산들이 둘러 싼 이곳을 '로즈밸리'라고 부르는데 해가 질 무렵에

그 곳 어느 점인가에 서서 바람을 맞으며 가만히 사방을 둘러볼 것을 권해주고 싶다.

지나온 일들에 대한 생각도, 다가올 날들에 대한 생각도

단 10분만 접어둘 수 있다면

잠시 놓아두고 아무것도 생각하지 않는다면 더욱 좋을 거라는 것도….

"반가워"

그들을 알아보다.

그녀는 로즈밸리 한 곁을 헤맨다.

새로 만난 땅, 새로 만난 하늘, 새로 만난 공기 모두가 그녀를 공상에 잠기게 한다.

공상에 잠긴 그녀는 우연히 그들을 발견한다. 연인인가? 친구? 그들의 사이가 궁금하다.

그러나 이내 생각을 포기한다.

그냥 그들이 거기 있기에 모든 장관이 아름답고 행복해 보이므로.

그녀는 저 멀리 세상에게 말을 건넨다.

얼음 물통을 든 방랑자 모하메드

카파도키아의 무수한 동굴 바위들 사이에는 이슬람의 대 선지자인 모하메드에 얽힌 이야기도 있는데, 도망쳐 숨은 모하메드를 비둘기들이 도와주었고 그래서 이슬람에선 비둘기를 소중히 한다는 그런 이야기.

핫산의 낮은 목소리는 시간을 거슬러 "옛날 옛적에"로 시작되는 이야기 속을 날고 있었고, 우리는 그의 뒤를 따라 비둘기들이 살던 동굴 속을 헤매고 있었다.

로즈밸리 같은 곳이라면 헤매 보는 것도 나쁘지 않다고 생각되지만 넉넉한 얼음 물통만은 있어줬으면 하는 생각이 들었다. 도망자 모하메드 보다는 유유자적한 방랑자 쪽이 좋은 걸.

"안녕"

스치듯 안녕을 말한다.

그녀가 한 가족처럼 보이는 그들을 좁은 길에서 마주친다. 그녀는 마차와 그들에게 길을 내어주고는 뒤를 돌아본다. 그 가족은 이내 다른 무리와 마주친다. 그 무리는 그 가족보다 그녀를 먼저 주시하는 듯하다. 그리고 그들은 서로를 스쳐 지나간다. 그녀는 모두에게 말한다. ⓜ

"안녕"

동굴에서 우연을 만나다.

그가 환하게 웃는다.

커다랗고 외진 동굴 카페에서 이방인은 그에게 행복일지도 모른다.

그는 그들에게 웃음을 선물한다.

콜라와 맥주, 차와 커피는 동굴이 어색한 듯, 언젠가 올 그들을 기다린다.

그녀는 그들에게 다가선다. 그리고 말을 건넨다.

카파도키아의 괴레메에 가는 여행자들이라면 누구나 로즈밸리 투어, 그린 투어, 짚 투어 중 한 두 가지는 경험하게 된다.
걷는 걸 싫어하는 사람에게는 짚 투어를, 걷는 걸 너무너무 좋아하는 사람에게는 하루종일 걸으면서 자세히 볼 수 있는 그린 투어, 혹은 '적절히 걷는 게 좋아요' 라고 한다면 반나절 안 되는 시간을 투자하는 로즈밸리 투어를 권하고 싶다.
그 날 우리는 로즈밸리 투어를 했는데, 사실 한여름 땡볕의 카파도키아 벌판에는 태양을 피할 공간도 달리 없을 뿐더러 운동 부족에 시달리던 사람들은 이 정도의 운동으로도 폭삭 지치게 마련인 것이다.
'도대체 어디가 투어의 끝인 거야' 라고 지쳐갈 무렵 투어가이드 핫산은 여정의 중간 지점인 동굴카페로 우리를 안내한다. 그 곳에서 마신 환타의 시원함은 강도만으로는 지금껏 최고!
카페의 외로운 웨이터 청년에게 심심한 감사를….

그녀는 팬션 앞 길을 계속 걷는다.

이날 따라 유난히 동네 주민들이 그녀의 눈 앞에 걸린다.

"넌 어디서 왔니?"

팬션 앞 길에서 여인네들을 발견한다.

그 여인네들을 본 것이 이번이 처음은 아니다. 특히 이 여인네들은 그녀에게 강한 인상으로 남는다. 마치 마을의 중대사라도 논의하듯 조근조근 이야기를 나누고 있다.

그녀의 궁금증은 더 더욱 증폭된다. 그녀는 다가가서 참견이라도 하고 싶지만 말조차 통하지 않는다는 것을 새삼 느끼고 이내 마음을 접는다. 그리고 돌아서려는 그녀의 마지막 발걸음을 잡는 것은 자동차를 등지고 유유히 걷고 있는 이름 모를 새이다.

그녀는 새에게 묻는다.

"죄송해요"

그곳에 그가 있다.

어느 날 그녀는 그가 거기 있음을 알아 챘다. 매일 같은 문으로 나와 같은 길을 걸어 다녔으면서도 그를 처음 알아봤다. 처음 그를 본 날 그녀는 여느 때와 같이 스쳐 지나갔다. 그 다음 날도 그녀는 그를 보았다. 그리고 다시 지나쳐 갔다. 그 다음 날도 그는 여전히 그 곳에 있었다. 그녀는 자연스럽게 그를 관찰하게 되었고, 때마침 소나기가 내렸다. 그러나 그는 움직이지 않았다. 그녀는 그가 무서워지기 시작했다. 다음 날은 그를 피해갔다. 그 날 밤 그녀는 그가 움직이는 것을 보았다. 그의 손자들로 보이는 아이들이 다가오자 웃으며 그는 일어나 집으로 들어갔다. 그녀는 혼잣말을 한다.

괴레메의 트레블러스 팬션 옆집에는 항상 저렇게 붙박이 마냥 햇살을 쬐는 할아버지가 있었다. 미동조차 않고 오가는 수많은 여행객들을 바라보며 졸고 있는 할아버지. '뭘 생각하시는 걸까? 추운 겨울에 눈이 와도 거기 그 의자에 앉아계실까? ⓒ

하늘이 높아보이는 이유

괴레메의 하늘은 왠지 더 높아 보여.

삐죽삐죽 솟은 동굴 집들 덕분일까?

매일 새벽 풍선을 타고 날아 오르며 해보다 먼저 깨어나는 사람들 덕분일까?

하늘 빛을 닮은 파란 포대 속에는 하늘을 향해 쑥쑥 자라는 초록색 풀들. ⓒ

"그럼…그렇지…"

그는 왼손잡이다.

매일 아침 그녀는 그를 만난다. 그는 그녀에게 오믈렛과 커피 같은 아침 식사를 건네준다.

그녀도 그도 얼마인지 뭘 먹을지 물어보지도 대답하지도 않는다.

그러나 그녀는 궁금하다. 그가 기억은 하는지 혹시 착각하지는 않을지.

그러던 어느 날 그녀는 그가 왼손잡이라는 걸 알게 된다. 모두가 나간 오후에 우연히 그녀는 그가 그 동안 제공했던 음식과 친절까지도 꼼꼼히 기록하는 장면을 본다. 그녀는 생각한다. ⓞ

선장과 함께 그곳에 다가가다.

그녀는 골짜기 항해를 선택한다. 그는 그 항해의 선장이다.

그녀에게 항해 자체는 큰 의미가 아니다.

다만 그녀는 신세계와의 빠른 만남을 위해 항해선을 타기로 한다.

선장은 신세계를 자신의 항해선으로 여기저기 사방천지를 거침없이,

마치 자랑이라도 하듯 누비며 다닌다.

항해 내내 그는 많은 이들을 그녀에게 소개한다.

괴레메에서 짚 투어의 운전사였던 멋쟁이 아저씨-할아버지 정도 나이 일거라 추측이 되지만-

우리끼리는 '전인권' 아저씨라고 불렀다.

짚 투어에 동행한 백인미녀 아가씨에게 정신이 팔려 다른 일행들은 찬밥 신세였지만

어쨌든 터프한 운전과 느긋한 표정은 꽤나 인상적.

같은 코스를 몇 백번을 돌아 봤을 텐데 언제나 저렇게 흥미진진한 표정일까?

그렇다면 당신은 진정한 프로, 혹은 진짜 낙천주의자!

"반가워"

그들이 그녀에게 먼저 말을 건넨다.

"얼마나 남았어?"

그녀는 또 다른 무리를 발견한다.

그들도 그녀를 발견한다.

서로에게 눈인사를 보낸다.

그리고 그들은 선장과 이야기를 한다.

"행복하니?"

선장은 작은 동굴로 그녀를 안내한다.

그녀는 좁고 작은 통로를 지나 한 무리의 여인들을

만난다. 그녀들은 그녀를 웃으며 반기지만 손은 결코

쉬지 않는다. 그녀는 그들에게 마음 속으로 물어본다.

"이곳이 행복이야"

레몬들은 그녀들의 손을 빌려 박스에 넣어지고

멀리서 남자들이 다가와 박스를 포장한다.

그들도 역시 웃으며 그녀를 맞이한다.

그리고 그들이 대답한다.

이름이 기억나지 않는 마을

짚 투어의 첫 번째 휴식처는 기묘한 바위들 위에 세워진 마을이었다.

마을 중앙을 중심으로 오른쪽은 자연이 만든 동굴집들이 있고

왼쪽엔 사람이 지어낸 콘크리트 집이 공존하는 곳이었다.

거리는 한산하고 집들은 높은 곳에 있지만, 자연과 사람이 교묘하게 어우러져 숨쉬고 있었다.

알록달록 깡통 속에는 수수한 꽃 무리들.

플라스틱 의자 위에는 진한 터키식 커피가 지나가는 이를 머물게 했던 마을.

숭숭 뚫린 빈 동굴 집들 사이를 누비던 을씨년스러운 마음도

벽에 그려진 그림을 보며 금새 누그러졌던 마을. ⓒ

바람을 벗삼은 마을에 잠시 머물다.

사람이 살고 있을 것 같지 않은 듯 을씨년스럽다가도 어느 골목을 돌아서면 외양간에 소들이 옹기종기 모여있는 곳.

곳곳에 뚫린 동굴 같은 구멍들 사이로 바람이 불면 누군가 살고 있다는 흔적들이 살포시 묻어오는 그런 곳.

바람을 친구 삼아 아주 느린 속도로 살아가는 사람들이 있는 마을에서 진한 터키 커피 한잔과 아주 단 과자를 먹으며 잠시 머물렀다. ⓒ

"안녕!"

그녀, 다른 그녀를 만나다.

계곡 기슭에 바람이 불어 온다.

마치 저 멀리 그녀에게

그녀의 마음을 전하고 싶은지 따뜻하게

그러나 계속 불어 온다.

그녀는 언젠가 보았던 일본 영화의 한 장면을 자연스레 떠올리며

피식 웃고는 이내 다시 저 멀리 그녀에게 집중한다.

그녀는 어디를 보고 있을까?

어떤 생각을 하고 있나?

저 산에 말을 걸어보고 있나?

그녀는 그녀에게 말을 건넨다. ⑪

"이 정도면 충분해"

그녀에게 오는 길

해가 길게 그림자를 드리워 준다.

그녀들은 멀리 하늘 길을 바라본다.

하늘과 땅이 맞닿은 곳이 눈 앞 한치도 안되어 보인다.

그림자는 그곳에서부터 그녀들에게 왔다.

그것은 점점 더 그녀들에게 다가오고 있었다.

그녀는 말한다.

그녀,
유혹의 세계로 가다

그녀와 닮았다
You're so beautiful!
EFES, 어떤 유혹보다도 강하다
그녀, 한 잔의 여유에 사치를 부려 본다
빨간날개를 단 생선들
그녀, 색을 정의하다
My great grandmother's secret recipe!!!
Somebody watching?
여름날의 서늘한 밤공기를 즐긴다
아름다운 것들이 영원할 수 있다면
온천은 쑥스러워

"빨리 먹고 싶어"

그녀와 닮았다.

진열장에 놓인 많은 먹을 것들이 눈을 반짝이며 선택을 기다린다. 그는 감자에게 무엇을 먹고 싶은지 물어본다. 감자는 그들을 기다렸다는 듯이 먹고 싶었던 것들을 모두 집어 삼킨다. 옥수수, 초록피망, 빨강피망, 올리브, 양배추, 오이피클, 겨자, 마요네즈, 핫칠리소스, 치즈, 그리고 매운 고추까지. 그녀는 진열장으로 한 발자국 더 다가선다. 감자는 아랑곳하지 않고 다른 재료들과 뒤섞이고 있다. 그녀는 말을 꺼낸다.

터키에서 먹어 본 음식 중 맛으로 순위를 매기자면 우열을 가리기가 어렵지만 가장 자주 다시 먹고 싶다는 생각이 드는 것은 바로 이 대형 감자구이 '쿰피르' 이다. 가장 굵은 우리나라 감자의 세 배는 됨직한-아저씨의 얼굴만하지 않은가!!-감자를 오븐에 구워 손님이 원하는 토핑을 모두 섞어 잘 비벼주는 쿰피르. 이스탄불의 젊은 거리인 오르타쾨이의 쿰피르도 맛있었지만 이 곳 아시아지구는 서민 시장이라 그런지 맛도 좋지만 값은 더 싸다. 사진을 찍자 쑥스러운 듯 표정을 관리하는 멋쟁이 감자아저씨.

2004년에 터키여행을 같이 했던 일당들은 한국에서의 쿰피르 장사를 생각해 본 이도 있었지만 (흙 묻은)대형감자 수입이 불가능하다는 말에 바로 접었다는 후문을 들었다. 누군가 이 사업 시작해 주실 분 없나요?

개방적인 편이지만 역시나 이슬람 국가인 터키에서
내가 본 음식점의 요리사는 모두 남자들이었다.
서빙하는 사람도 청소하는 사람도 모두 남자들.

그 옛날 술탄의 요리사들도 모두 남자였을까?

얼굴만은 술탄급의 카리스마를 자랑하시는 케밥 요리사 아저씨.
이 집 케밥은 정말 맛있고 푸짐하다.
술탄아흐멧에서 에미노뉴로 가는 길에 있는 노상 레스토랑의 쉐프.
거대한 케밥 칼로 섬세하게 고기를 저며낸다.
쓱싹쓱싹!
아…침이 꿀꺽.

You're so beautiful.

술탄아흐멧에서 그랜드 바자르로 올라가는 길에 오렌지를 즉석에서 짜 주는 노점이 있다.

치킨 케밥도 핫도그도 오렌지주스도 모두 1YTL(약 1,500원).

이스탄불 거리에서는 동양인을 많이 봤을 법도 한데 눈빛에는 호기심이 가득한 오렌지총각.

터키여행을 가 본 여자 분들은 알겠지만

이 곳 남자들은 거의 모든 동양여자에게 매우 호의적이다.

You're so beautiful을 듣지 못한다면 그게 더 불쾌할 지경. ⓒ

관광객에 익숙한 이스탄불의 오렌지 청년과는 달리

외국인이 거의 오지 않았을 것이 분명한 카파도키아 쪽 네브쉐히르의 재래시장에서는

은근한 집적거림 대신 엄청난 환대를 받았다- 예상외의 수확-.

오…우리는 관광객이었건만 오히려 호기심 가득한 그들의 관람 세례 속에

표정 관리를 해주어야만 했던 난감한 그 곳.

과일을 좀 사볼까 하고 다가갔지만 인심 좋은 주인아저씨는

무화과 한 무더기를 그냥 건네주었다.

무화과의 낯선 맛 만큼 은근한 기억.

EFES, 어떤 유혹보다도 강하다.

터키에선 어쩐 일인지 EFES 맥주 하나뿐이었는데-로컬 맥주로는- 여행지의 기분 탓이었는지 정말로 그랬었는지 어쨌든 훌륭한 맥주였다고 기억된다. 나른하게 늘어지는 여행의 막바지 여행기간 중 가장 좋은 숙소였던 이스탄불의 호텔근처 블루 모스크 옆 문을 마주 보던 자리에서 한 잔을 추가했다. 여행의 마무리로는 나쁘지 않은 늦은 오후.

터키음식이 세계 3대 진미라는 건 여행을 다녀와서 알았지만 지금도 그 때의 사진을 보면 침이 고이는 것은 어쩔 수 없다. 에미노뉴 선착장 근처의 음식점에서 모듬 케밥-이라고 생각되는-을 한 가득 시켜놓았던 행복한 늦은 점심. ⓒ

그녀, 한 잔의 여유에 사치를 부려 본다.

작은 컵에 담긴 터키 커피는 학교 자판기 150원짜리 커피보다 비싸고 맛은 없지만

그녀에게 긴 여행에서 여유와 사치를 동시에 부릴 수 있는 변명거리를 만들어 준다.

그녀는 갑자기 영화 '바그다드 카페' 의 손님 'Jasmin' 이 된 것 같다.

그녀는 Jasmin처럼 다른 남자손님에게 마술상자를 받은 듯했다.

테이블에 깔린 알록달록한 테이블 보와 전형적인 터키 커피 잔은

그녀가 마술을 부릴 수 있을 것 같은 착각을 들게 한다.

이미 그녀는 머리 속으로 주문을 외우기 시작했다.

"수리수리 마수리…하하하"

빨간날개를 단 생선들

터키의 생선가게엔 아가미를 빨갛게 뒤집은 생선들이 간택을 기다린다. 그건 너무 빨갛고 너무 선명해서 생선의 일부분이라고 보기에는 의심이 갈 정도의 이질감.

확실히 신선해 보이는 것은 인정해. 일일이 손길을 주는 정성도 무시할 수는 없겠지?

여행자가 아니었다면 매일 한 마리씩 사다 먹을 텐데…

다음에 여행을 할 때는 좋아하는 생선 이름 정도는 현지어로 적어 가야겠다. 삼치, 고등어, 갈치 이외에는 구분이 어려운 주제에 아무거나 먹진 않으니까.

토마토, 오이, 양파는 거의 모든 식사에 빠지지 않고 등장한다. 산더미 같이 쌓인 토마토도 반나절이면 다 팔릴지도 모르겠다는 생각이 든다. 기름기 없는 담백한 빵인 애크맥, 올리브유와 식초, 그릴에 구운 고기와 케밥. 살찔 이유라곤 없는 식단임에도 결혼한 여자들은 하나같이 살집이 있다. 궁금해진다. 날씬하던 처녀들이 결혼과 함께 퍼져버리는 이유.

그건 이곳만의 문제는 아니었던가?

올림포스에서 3박 4일 동안 배를 타고 페티예에 도착. 둥실 대던 몸을 육지에 적응시키려고 일부러 먼 길을 걸어 이스탄불로 가는 버스표를 끊으러 터미널에 갔다 오는 길. 의도된 샛길 탐험에서 수산물 시장을 발견했다. 생선과 해산물을 골라 주변에 늘어선 가게에 비용을 내고 요리를 부탁하는 낯익은 시스템.
칼라마리 튀김과 이름을 알 수 없는—다분히 생김새로 고른—생선구이는 맛은 기억 나지 않지만 왠지 냄새는 기억 날 듯해.

그녀, 색을 정의하다. **GREEN** 식어가는 열정

에미노뉴의 선착장에서 배를 타고 아시아지구의 위쉬퀴다르에 간다.

이스탄불의 화려함 뒷편에 있는 서민들의 동네.

"생활"이라는 것이 있는 곳. ⓒ

그녀, 색을 정의하다. RED 살아나는 냉정

가지런히 진열된 토마토의 유머가 있는 시장에서는 체리 한 무더기가 고작 1500원 정도. 봉지째 질리도록 먹으며 둘러 본 그 곳엔 이스탄불의 사람 냄새가 났다. 화려한 블루모스크와 술탄의 궁전보다도 그리운 곳. Ⓒ

My great grandmother's secret recipe ○

베이커리 윈도우 안에서 계속 누군가가 그녀에게 속삭인다.

"많은 사람들은 달콤한 빵, 페스츄리, 크로와상, 케이크, 도넛 등에 관한 모든 것을 좋아해. 그러나 가장 맛난 것은 바클라바(baclava)야. 이건 우리 집 대대로 내려오는 우리 증조할머니의 비밀 요리법으로 만들어. 알고 싶니? 그럼 먼저 먹어봐"

그녀는 말한다. ㎡

"정말 알고 싶어. 먹어 볼래"

Somebody watching?

그들의 소리가 들린다.

"I hope nobody's watching…"

"Let's take our clothes off and go swimming in this river!"

"Who could possibly be watching us?"

"Come on! Stop making excuses. Take your clothes off!"

그녀는 웃는다. ⓜ

"같이 수영하자"

"바보"

그녀는 여름날의 서늘한 밤공기를 즐긴다.

그녀는 해먹 위에 누워 있는 그녀를 발견한다.

평온해 보이는 그녀, 갑자기 그녀는 장난기가 발동한다. 카메라로 그녀를 몰래 찍어본다.

그러다 그녀는 알게 된다. 그녀 또한 그녀를 찍고 있었다는 것을.

Uptight tourist

그녀는 매일 아침 고민한다. 그녀에게 방을 정리하느냐 마느냐는 매 식사를 무엇을 먹을 것인지 고민하는 것과 같은 고통이다. 결국 그녀는 신음한다. ⓜ

"Oh! Noooooooo"

오렌지나무로 둘러싸인 올림포스의 팬션들. 누워서 팔을 쭉 뻗으면 서로 손이 닿을 듯한 작은 방이지만 어쨌든 열쇠는 있으니 OK. ⓒ

해먹과 낮잠이여~
영원하라.

Forever, my heyday!
Forever, my holiday!

아름다운 것들이 영원할 수 있다면.

2005년에는 가지 않았지만 2004년 여행 때는 현지에서 만난 7명의 한국 여인 일당들과 파묵칼레를 들렀었다. 사진에서 보던 수려함은 몇 년간의 가뭄 끝에 크게 축소됐지만 눈 덮인 산처럼 빛나던 파묵칼레의 석회암들은 별보다도 반짝였던 기억이 난다.

아름다운 것들이 영원할 수 있다면
이곳도 그러했으면 좋겠다.
에메랄드빛의 석회암 온천 속에
꼼지락 대던 내 발가락은 내 말이
무슨 뜻인지 알 거야. ⓒ

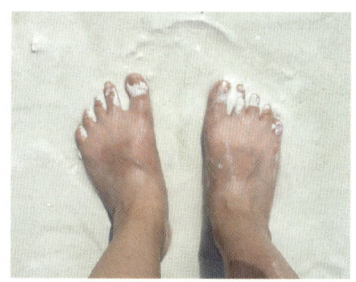

온천은 쑥스러워.

파묵칼레의 하얀 석회암 계단을 따라 올라가면 옛 유적지가 나오고 유적지의 한 켠엔 온천이 있다. 사실 온천과 수영장의 중간정도 느낌인데 요즘 한창 유행하는 닥터 피쉬가 그득그득하고 피부병에도 좋다고 하는 파묵칼레의 온천엔 온통 백인들 뿐이어서 왠지 뻘쭘해 진 우리는 구경만 하고 와버렸다지.

서른 셋이 되어 버린 지금 간다면 아무렇지 않게 첨벙 들어 갈텐데. 그때는 왜 그렇게 쑥스러웠을까? ⓒ

그녀,
하늘을 날다

하늘에 첫발을 내디뎌본다
그들에게 무한한 박수를
안녕 무스타파! 안녕 핫산!
Fly to the sky!
그녀, 다시 꿈을 꾼다
그들, 로프를 잡는다

그녀, 하늘에 첫발을 내디뎌본다.

파란 하늘위로 올라가 내려다 본 바다는 그녀가 항상 보아 오던 바다가 아니다. 그녀는 바다로 뛰어 내리고 싶은 충동을 느낀다. 저 멀리 작은 점들이 꿈틀거리는 것을 눈치 챈다. 다시 내려다 보니 작은 배들도 장난감 배로 느껴진다. 그녀는 눈으로 배의 위치도 바꾸어 보았다가 움직이는 점들도 막아보고 이리저리 몰아 본다. 문득 그녀는 궁금함에 소리친다.

"내가 보이니?"

♥ **그들에게 무한한 박수를**

어느 날…새벽 벌룬 투어에서

그가 영어를 전혀 모르는

자신의 여자 친구에게 청혼을 하겠다며

영어로 축하해 달라고 말한다…

그리고 그 여자는 눈물의 프로포즈를 받는다.

"축하해"

그녀는 바란다.

영원히 제발… 그리고 더욱 더 따뜻하게…

"Of course I will marry you!" ⓜ

안녕 무스타파! 안녕 핫산!

새벽 5시에 깨어 있을 일이 전혀 없던 나였지만 동이 터 오는 카파도키아의 하늘을 기구를 타고 날 수 있다는 유혹에 눈이 번쩍 뜨였다.

"즐겁게 웃고 있는 저 사람들이 내리면 이번엔 내 차례라구요!"

터키에는 참 많은 무스타파씨와 핫산씨가 있는데 우리 기구의 캡틴도 핫산씨였다! 2004년에도 2005년에도 난 우연히 같은 캡틴의 풍선을 타게 되었는데 어찌나 반갑던지 뭐라고 말이라도 걸고 싶었지만 그는 영어를 못하더군. 아 안타까워…. 하지만 너무나 반가웠어요. 핫산! ⓒ

Fly to the sky!

그녀는 벌룬에게 묻는다.
Are you sure you know what you are doing?

벌룬이 대답한다.
I am eating hot air.

그녀는 다시 말한다.
I don't even think you know what you are doing!!!

You are blown!!! You are blown!!
그녀가 말한다.

What did I tell you? What did I say?
벌룬이 그녀에게 말한다.

This is amazing!!!!!
그녀가 말한다.

I have always wanted to fly then, now I am going to do it.
Come on!!! Let's fly!!!
벌룬이 말한다.

"bless me…. bless you….
thanks everything…"

그녀는 다시 꿈을 꾼다.

하늘을 나는 상상은 언제나 흥분된다.

그러나 하늘에 떠 있는 동안의 두려움은 또 다시 땅의 따스함을

그리워하게 만들어준다.

하늘에 떠 있는 많은 벌룬들은

다시 한번 그녀에게 다른 꿈을 꾸게 해준다.

터키를…한국을….

과거의 희망을… 미래의 소망을….

지나간 사랑을… 다가올 이별을….

기억 저 편의 아픔을… 상상 끝의 행복을….

그리고… 하늘에 속삭여 본다.

thanks a lot...

"감사, 감사, 감사, 또 감사해"

그들은 로프를 잡는다.

그 다섯 명에게 그녀와 또 다른 벌룬 승객들의 운명이 달려 있다. 그들에 의해 하늘로 날려졌고 그들에 의해 땅에 내려 앉는다. 하늘에서 본 어느 광경 못지않게 그들의 최선의 행위는 아름답다. 그녀는 그들의 숨결까지 듣고 있는 듯하다. 조용한 계곡과 얌전해진 바람소리, 밝아지는 하늘까지 그들의 수고를 온 몸으로 느끼라고 속삭이는 듯하다. 그녀는 마음 속으로 읊조린다.

그녀,
원더랜드에 가다

이상한 나라의 피노키오, 피터팬을 만나다.

이상한 나라의 피노키오, 피터팬을 만나다.

어느덧 그녀는 원더랜드에 도착한다.

유난히 눈에 띠는 붉은 색 집, 여느 동화나 영화에서나 등장할 것 같은

상상 가능한 2층 집이 그녀 눈 앞에 보인다.

그러나 동화나 영화에서처럼 문이 열려 있을 거라는 기대는 하지 않는다.

그녀는 한 발 한 발 그리로 다가간다.

역시나 잠겨있다.

"그럼 그렇지…"

"이리로 들어와" 언제나 반전 혹은 의외의 일을 기다리기 마련이다. 그러나 항상 그것들이 흥미진진하지만은 않다. 그녀 역시 뻔한 의외의 일을 생각하며 주변을 서성이다 한 켠에 있는 쪽문을 발견한다. 역시나 주인장은 그 곳에서 그녀를 바라보고 있다. 하지만 그녀는 예상하지 못한 듯이 그 쪽을 바라보며 웃는다.

그가 말한다.

그 역시 그녀의 방문이 그리 특별하지 않다는 듯 안으로 안내한다. 자리를 내어 주고 차를 만들며 그녀에게 곳곳을 살필 수 있는 기회까지 주는 여유를 부린다. 그녀는 어느 순간 정원에 혼자 남겨진다. 그녀는 차근차근 그곳을 머리 속에 새긴다.

"언젠가는…언젠가는…"

원더랜드 안에는 네버랜드가 있다.

이 네버랜드에는 피터팬을 꿈꾸는 그와 피노키오를 꿈꾸는 그들이 함께 살고 있다.

네버랜드는 온통 피노키오와 피터팬의 바람들로 가득 차 있는 듯하다.

그녀는 그 바람에 귀를 기울인다.

옛날옛날, 영국 한 마을에는 어른이 되고 싶지 않은 피터팬이 살고 있었고, 이탈리아의 한 마을에는 목수 할아버지의 하나뿐인 아들 피노키오가 살고 있었다.
어느 날부터인가 피터팬은 웬디와 존과 함께 소원의 땅을 찾아가는 것이 지겨워졌다. 그러자 팅커벨의 도움은 잔소리처럼 들리기 시작했고, 후크선장과의 만남은 넌더리가 나기 시작했다. 더욱이 그가 바라던 '소원의 땅 네버랜드'는 모든 것이 멈춰 있는 듯, 아무것도 다를 것 없는 지루하기 그지 없는 땅이 되어가고 있다는 것을 알게 되었다. 그래서 피터팬은 가출을 시도하기로 마음 먹었다. 밤마다 시도되는 가출은 그에게 새로운 즐거움이 되어갔고, 결국 또 다른 네버랜드를 꿈꾸게 만들었다. 드디어 밤마다 시도된 가출이 성공하게 되었다.

피터팬이 다른 세계를 꿈꾸는 동안, 얼마 떨어지지 않은 곳의 피노키오 또한 일탈을 꿈꾸고 있었다. 피노키오는 자신이 하는 가장 큰 거짓말이 무엇인지 너무나 잘 알고 있었다. "제페트 할아버지 사랑해요. 할아버지와 영원히 살고 싶어요." 이 거짓말은 멈출 수 없는 말이기에 더욱 더 자신의 코가 미웠다. 그러던 어느 날 피노키오는 그 거짓말을 하지 않게 된다면 그 날이 그 날인 지루한 삶을 벗어나 자신의 코에 얽매이지 않고 살 수 있을 것 같았다. 피노키오는 결국 제페트 할아버지에게 더 이상 사랑하지 않는다고 진실을 말한 후, 진짜 아들로 태어나는 것 대신 자신만의 영혼의 짝을 찾기 위해 가출을 하였다.

피터팬과 피노키오는 각자 다른 길을 헤매고 방황하여 어느 이상한 섬에 다다르게 된다. 그들은 붉은 2층 집 안으로 휴식을 위해 들어 간다. 그곳에서 그 둘은 처음 만나게 되었다. 새로운 만남의 기쁨도 잠시, 그 둘은 주변을 돌아 보고는 그만 충격에 기절하고 만다. 자신만이 영원히 동심으로 살길 바라는 줄 알았던 피터팬은 자신의 50년쯤의 후의 모습을 하고 있는 주인장의 모습에, 자신만 거짓말 때문에 고통 받고 살았다고 생각한 피노키오는 셀 수 없이 천정에 매달려 있는 자신의 과거의 모습과 미래의 자신의 모습에 충격을 받았다. 그러나 이내 그들은 정신을 차리고 그들의 선택에 후회하지 않기로 했다. 자신들의 모습에 대한 의심과 다른 세상에 대한 호기심 덕에 그들은 만나게 되었고 그들과 같은 처지에 있는 친구들을 만났기 때문이었다. 결국 그들은 원더랜드에 새로운 꿈을 가지고 정착하게 되었다.

"즐거웠어"

푸훗…

어른 피터팬은 그녀 앞에 마주 앉는다.

그녀는 공상을 접는다.

그리곤 그녀는 어른 피터팬이 들고 나온 차를 다시 한 모금 마신다. ⑪

달콤 쌉싸래한 만남, 그래서 더욱 아름다운…

금강산도 식후경
어디로 가니?
그들 뒤에 서다
그녀, 낯선 도시를 걷다
'위쉬퀴다르'를 보다
아직도 그곳에 있을까?
눈이 큰 아이와 마주치다
기도, 염원, 그리고 인간이 있다
그녀의 얼굴을 보고싶다
Love in Istanbul

금강산도 식후경

복잡하게 꼬인 카펫의 문양 만큼 심사가 뒤틀린다.

이렇게 사람들이 바글대는 곳 말고 다른 곳은 없는 거야?

몇 백년 전 술탄의 궁전 같은 것은 별로 관심 없는 걸.

여기까지 와서 입장료를 내고 줄을 서서 '관람' 같은 걸 하고 싶진 않단 말이야.

심통이 난 채 투덜거리다가 결국 발 닿는 대로 골목골목을 돌아다닌다.

결국 아시아 지구의 시장에서 커다란 감자와 체리 한 봉지를 먹은 이후에야

그녀의 심통이 풀어져 버렸다. 결국 배가 고팠기 때문일지도 모르겠어. 그녀는 단순하니까. ⓒ

- Istanbul 이스탄불
- Ankara ★ 앙카라
- cappadocia 카파도키아
- pamukkale 파묵칼레
- fethiye 페티예

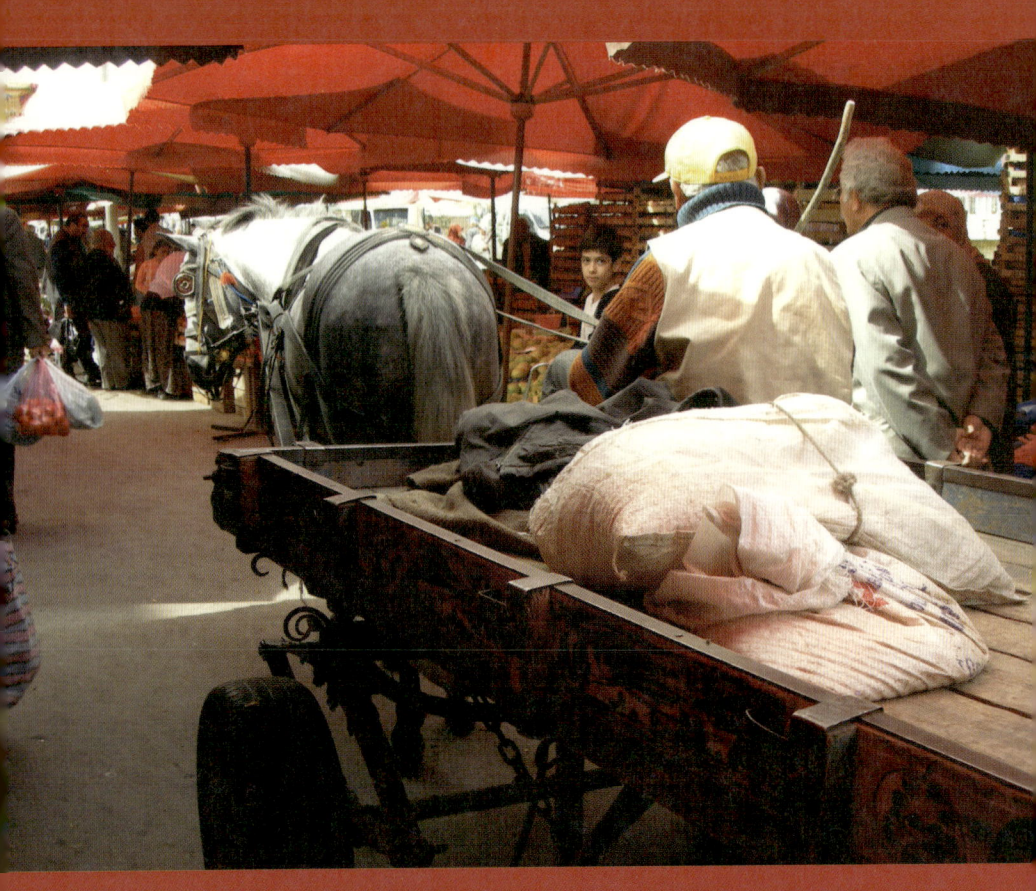

"어디로 가니?"

"어디로 가냐고? 어디라고?"

그녀는 결국 그냥 따라간다.

"괜찮아"

그들 뒤에 서다.

아무도 그녀를 반기지 않는 듯하다. 그런 그들 속에서 두 여인을 발견한다. 하얀 히잡을 쓴 그녀들은 누가 봐도 쌍둥이 같이 닮았다. 그녀들은 시장 곳곳을 조용조용 그러나 구석구석 돌아 다니고 있다. 그녀는 그녀들을 뒤쫓는다. 그러다 멈춰 서서 카메라의 눈을 빌리려는 순간, 주변 모두가 하물며 빨간 천막까지도 그녀를 주목한다. 결국 한 남자가 저지한다. 그러나 그녀는 멈추지 않고 자신에게 말을 건넨다. ⓜ

네브쉐히르의 시장에서 만난 이슬람 복장의 두 할머니.

아무리 히잡과 스카프로 꽁꽁 싸매도 여인의 마음은 여인의 마음인가.

온갖 화려하고 예쁜 천들로 만든 히잡 가게가 성황을 이루고 수수한 몸뻬바지 아래

빨간 양말로 포인트를 주는 센스를 가진 터키의 그녀들.

젊었을 때는 지금의 반 정도의 하늘하늘한 몸에 꽃무늬의 빨간 히잡을 쓰고

이곳을 누볐을지도 몰라. ⓒ

그 녀 , 낯 선 도 시 를 걷 다

그 길 위의 그녀는 외계인이다. 그냥 하늘에서 뚝 떨어져서 아무도 그녀를 못 알아보는 그런 존재이다. 그런 그녀에게 눈에 익은 장면이 보인다. 고향 별에서 많이 본 것 같은 자동차를 발견한다. 그녀가 그들에게 묻는다.

"어느 별에서 왔니?"

그 녀 는 다 시 걷 는 다

고향 별의 어느 한 마을을 걷고 있는 것 같다. 5층짜리 아파트에 줄을 매어 빨래를 널고 그 앞에는 작은 장이 들어서고 사람들은 저마다 자신이 필요한 물건을 찾아 흥정하고 사고 파는데 정신이 없다. 그녀 따윈 관심 밖이다. 그녀도 점점 그 분위기가 익숙해 진다. 그냥 투명인간처럼 길 위를 걷는 게 편해진다. 싸리비가 보인다. 그녀는 궁금해진다. 흥정하고 있는 두 남자는 그 비를 왜 사려고 하는지. 아무 의미 없는 궁금증에 그녀는 그 길 위에 멈추어 선다.

"진짜 살 거야?"

"내가 기억해, 너를"

결 국 그 녀 는 사 람 들 에 게 발 각 된 다

그녀는 용기를 내어 한 발자국 그들에게 다가가보지만 이내 내쳐진다. 그녀는 그들이 궁금해진다. 기억에 새기고 싶어진다. 그녀의 눈을 최대한 숨긴다. 그녀는 한 장면 한 장면을 꼼꼼히 그러나 들키지 않게 기록한다. 그리고 조심스레 혼잣말을 한다.

"잘 지내"

그 녀 는 돌 아 갈 준 비 를 한 다

마지막 길에서 그녀는 한 모자를 발견한다. 여느 가족의 모습처럼 아이는 엄마의 한 팔에 자신의 모든 것을 걸고 엄마를 의지한다. 그 옆에 큰 아이는 엄마를 조금 앞서 걸어가며 듬직하니 엄마와 동생에게 믿음을 보여주고 있다. 복잡한 시장 안으로 들어서기 위한 준비는 끝난 듯 보인다. 그녀는 발걸음을 늦추며 그들에게 인사를 한다.

어느 여행가이드 북에도 그 곳 사람들이 살을 부대끼며 사는 지역에 대한 정보는 미미하게 마련이지만 위쉬퀴다르를 설명하는 말은 그저 한 두줄 뿐.

"이스탄불의 아시아에 속한 지역이며 서민들의 주거 지역이다" 정도였던 듯.

가이드 북에 줄줄이 이어진 이스탄불의 명소는 감동보다는 "오…사진과 똑같네 멋지다." 라는 느낌.

어느 곳에 여행을 가도 마음에 닿아 오래 기억되는 곳은 가까운 듯 먼 곳. 현지인들의 안쪽 공간이다.

터키 할아버지들의 길거리 찻집에서 동그란 이슬람식 빵모자를 쓴 할아버지들이 그 동네에선 보기 드문 동양인 여자들을 호기심 있게 바라본다. 마침 본능에 따라 방향을 찾던 길 잃은 우리는 뜨거운 태양아래 반쯤 탈진한 상태.

전통음식인 괴즐레메-빈대떡 같은-를 굽는 노점 할머니를 봤을 때는 마침내 제대로 길을 찾았을 때였지만 가면서 집어먹은 한 무더기 체리때문에 매상을 올려드릴 수는 없었지.

다음에 갈 일이 있다면 꼭 사먹어야지. 버섯을 많이 넣은 걸로. C

'위쉬퀴다르'를 보다.

네브쉐히르의 시장에서 만난 아버지는 낯선 동양인 여행자의 카메라에

아들과 딸을 나란히 세워주었다.

곧 학교에 들어가는 듯 새 가방과 새 학용품을 산 예쁜 아이들.

아버지의 눈에는 백배는 더 예뻐 보이겠지?

저 아이들은 이 사진을 찍던 우리를 기억하고 있을까?

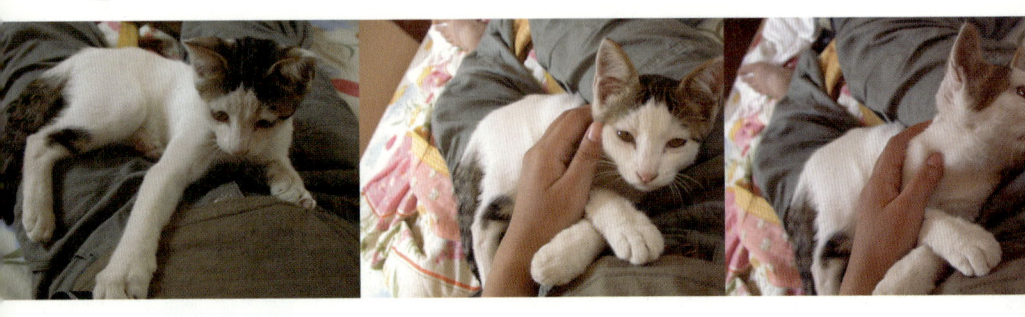

아직도 그곳에 있을까?

파묵칼레의 오즈귤 호텔에서 키우던 어린 고양이.

고양이를 워낙 좋아하던 나와 버찌는 잠시 머문 동안 잘 엉겨 붙는 이 녀석을 꽤 예뻐 했었지.

내 배 위에서 함께 낮잠을 자던 이 녀석을 훔쳐오고 싶기도 했었는데….

오즈귤의 주인이었던 젊고 싹싹한 나짐은 교통사고로 먼 곳으로 갔다는 얘기를 들었는데….

주인이 바뀐 지금 이 작은 고양이는 아직도 거기 머물고 있을까…?

지금은 어른이 되었을까?

P.S 한국으로 돌아 온 나는 결국 이 녀석과 꼭 닮은 녀석을 둘째 고양이로 들였다.

눈이 큰 아이와 마주치다.

그랜드 바자르에는 상점이 만 개쯤은 있는 것 같이 야단법석이고 게다가 입구도 수 십 개는 되는 듯해서 길을 잃어버리는 건 어쩌면 당연한 수순이었다.

날은 덥고 아까 그 길이 어디였는지 몰라 허둥대고 있을 때 밤톨만한 아기고양이가 눈길을 끈다.

밤톨만한 고양이 곁엔 눈이 주먹만한 꼬마 하나가 만져볼까 말까 망설이며 5분째 시간 끌기 중.
누가 더 귀여운지 내기 하는 거니?

어쨌든 입구를 잘못 나온 보람은 있구나.

기도, 염원 그리고 인간이 있다.

이스탄불 구시가의 랜드마크인 블루모스크.

견고하고 아름다운 회색의 외관을 지나 안으로 들어서면 세상의 푸른 빛은

모두 모아 그린 듯한 빛의 공간이 기다리고 있다.

이스탄불의 모스크들은 관광객을 위한 공간만이 아니다. 정해진 시간마다 정확히 코란을 읽는 에잔 소리가 울리고 그들의 기도와 예배가 끊임없이 계속되는 살아있는 공간이다.

새벽마다 잠을 깨우는 에잔 소리에 노이로제가 걸릴 듯 했는데 서울로 돌아와서도 가끔 그 소리가 생각나는 걸 보면 이것이 혹시 알라의 힘일까 하는 장난 섞인 기분도 든다.

그녀의 얼굴을 보고싶다.

상당히 개방적인 이슬람 국가인 터키에서-동쪽 국경 지대는 아닐 수도 있지만-저렇게 완벽무장을 한 여인을 쉽게 보긴 힘들다. 대부분 편안한 복장에 밝고 예쁜 천들로 스카프식의 히잡을 착용하는 경우가 많고, 재래시장에서는 수 백가지 히잡을 파는 가게에 엄청난 여자 손님들이 모인 것을 본 터라 이 검은 여인들의 등장은 사실 좀 쇼킹하기도 했다. 저 히잡 아래 가려진 그녀들의 믿음까지 엿볼 수는 없겠지만 반짝이는 큰 눈만으로도 기대를 품게 되는 그녀들의 미모 만큼은 확인해보고 싶었다면 예의가 없는 것일까? 문득 내가 입고 있는 반바지와 슬리퍼가 새삼 시원하게 느껴진 이스탄불의 하루. P.S 하지만 모스크와 그녀들은 완벽하게 잘 어울린다는 생각이 든다.

Love in Istanbul

그녀는 그들의 대화가 궁금하다.

♥ "Do you remember the first time we came here?"

♠ "Of course, how could I forget! We strolled along hand-in-hand, kissed slowly beneath the moonlight, I remember I told you that I would love you forever and that no one could ever take your place."

♥ "That wasn't me!"

♠ "I know, I was just joking!"

그녀, 웃는다. ⓜ

"너무 신파인가?"

그녀,
매직카펫 드라이브하다

Do you believe Aladdin?

Do you believe Aladdin?

그녀는 그녀를 유심히 바라본다.

또 다른 그녀는 다른 곳을 주시한다. 무슨 생각을 하고 있나 궁금했지만

그녀는 그녀의 공상을 방해하고 싶지 않다.

멀리서 그녀를 유혹하는 노래 소리가 들려온다.

그녀는 이미 담장에 즐비하게 널려있는

형형색색의 카펫을 타고 하늘로 날아가고 있는 듯 보인다.

"Do you believe Aladdin?"

"Do you want to be Jasmine?"

그녀, 대답하다

"I do!!!!!"

그녀는 노랫소리를 따라 매직카펫을 타러 간다.

그런데,

"Oh my God!!!"

카펫 관리인이 말한다.

"Today is cleaning day!!!"
"Please come to here tomorrow"
"Do you want to reservation?"

그녀는 어이없이 뒤 돌아서 걸어가기로 한다.

알라딘을 만나러 가는 길은 너무나 멀었다.

재스민은 알라딘을 만나러 걸어서 카파도키아의 동굴을 지나 왕궁에 도착한다.

멀리서 계속 재스민을 유혹하는 노래가 들린다.

재스민에게 왕궁은 지루함 그 자체였다.

재스민은 성 안의 갑갑함에 지쳐 시장에 구경을 가게 되고

운명적으로 빵 가게 안에 알라딘을 발견한다.

사실 재스민은 배가 고팠고, 알라딘은 그녀에게 빵을 건넨다.

그녀가 머뭇거리자 그가 말한다.

"Do you trust me?"

재스민은 알라딘과 매직카펫을 타기 위해 카펫 시장으로 떠나기로 한다.

그러나 시장에 변장하고 숨어 있던 '자파'의 방해로 빗자루 시장에 도착하게 된다.

첫 눈에 그들은 빗자루를 팔고 있는 할아버지를 발견하고

그가 빗자루 요정 '지니' 임을 눈치챈다.

그들은 지니에게 자신들을 시장으로 돌려보내 달라고 말하지만

지니는 도통 듣는 척을 안 한다. 오히려 지니가 누구냐며 버럭 화까지 낸다.

재스민과 알라딘은 포기 하지않고 계속 부탁한다.

요술빗자루를 빌려달라고.

지니가 말한다.

"Sold out!"

이런…. 재스민과 알라딘은 어이없음을 감출 수 없다.

지니가 다시 말한다.

"Do you trust me?"

재스민과 알라딘은 대답한다.

"Not really…but…."

지니가 저 멀리 당나귀를 부른다.

그러나 그 당나귀는 너무나 느린 속도로 다가오고 있다.

알라딘은 말한다.

"I want to fly to the sky!
 And I want to be rich!!!"

지니가 대답한다.

"It's not real! Dream on!!!"

또 유혹의 노래가 들리기 시작한다.

재스민과 알라딘은 시장을 박차고 나와

자신들 스스로 카펫을 찾으러 떠나기로 한다.

멀리 휘황찬란한 카펫들이 널려있는 곳을 발견한다.

너무나 많은 카펫들은 금방이라도 하늘을 날 것만 같았다.

재스민과 알라딘은 장미빛 인생과 파란 하늘 위로 나는 상상을 하며

여러 가지 카펫을 산다.

그들은 심호흡을 하고 카펫에 앉아 이륙을 기다린다.

그러나 어떤 카펫도 하늘로 날지 않는다.

알라딘은 계속 재스민에게 묻는다.

"Don't you believe me?"

"You don't believe me, do you?"

재스민은 갑자기 번쩍 눈이 뜨인다.
"DREAM ON!!!"

그녀는 갑자기 고개를 돌려 그녀를 바라본다.

그녀도 화들짝 놀란다.

그녀가 그녀에게 말한다.

"Do you trust me?"

"하하하하하"

그녀들은 크게 웃는다. ⓜ

그녀,
세상으로 뒷걸음질치다

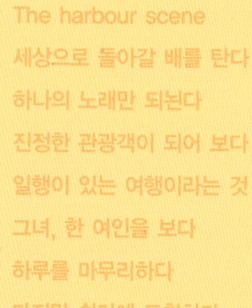

The harbour scene
세상으로 돌아갈 배를 탄다
하나의 노래만 되뇐다
진정한 관광객이 되어 보다
일행이 있는 여행이라는 것
그녀, 한 여인을 보다
하루를 마무리하다
마지막 쉼터에 도착하다

지은이 Russell Mason (B.A.Oxon)

Unblemished blue sky and sea embay
티끌 하나 없는 푸른 하늘과 바다가

The harbour scene
항구의 장관을 만들고

Neither plane on the winds
바람결 속 비행기도

Nor craft on the waves
파도 위 선박도

May be seen
숨죽이는데

Yet amid the tranquility
이 평온 속에서도

Urban insipidity
도시의 무미건조함만은

Blighting what's azure serene.
이 자연의 푸르름을 시들게 하는구나

183

"보고 싶어요"

세상으로 돌아갈 배를 탄다.

그녀는 자신이 왔던 세상으로 돌아갈 배를 탄다.

돌아가는 길의 새로운 만남이기에 더 소중하게 느껴진다.

같은 배에 탄 모녀를 보며 그녀는 그녀의 어머니를 떠올린다.

배의 바로 옆에는 너무 여유 있게 한 여인이 수영을 하고 있는 것을 발견한다.

그녀도 바다로 뛰어든다. ⓜ

"브라보!!!"

올림포스에서 페티예로 가는 3박 4일의 보트여행은 배 멀미의 끔찍한 기억 외에는 모든 것이 즐거웠다. 호주인 모녀, 이스라엘 대학생 커플, 뉴질랜드의 껄렁한 커플과 동양인 여자 둘. 이 알 수 없는 조합은 서로 적절한 거리를 둔 친근함으로 지중해에서의 즐거운 기억을 공유했다. 이스라엘 아가씨의 안경을 바다에 빠뜨린 바람에 작은 소동을 벌였던 둘째날 오후, 집념의 그녀는 망망대해에서 소중한 안경을 건져냈다.

그녀는 여행의 끝 자락에 하나의 노래만 되된다.

바람이 분다……. 눈물을 쏟는다.

그녀도 모르게 노랫말에 따라 눈물이 날 것만 같다.

하늘이 젖는다……. 나만 달라져 있다.

노랫말은 더 이상 노랫말이 아니다. 그녀는 노래 속에 자신을 싣고 있다.

그녀는 그녀의 과거와 현재와 미래를 교차 시켜 본다.

눈부시게 파란 바다는 그녀에게 기쁨의 행복보다 반성의 숙연함을 더해준다.

지우고 싶거나 혹은 기억하고 싶은 사랑을,

잊고 싶거나 혹은 붙잡고 싶은 시간을,

어깨 가득 올려져 있던 무거움을,

혹은 새털같이 가볍게만 느껴졌던 존재감을.

바람이 분다……. 눈물이 흐른다.

그녀, 그녀도 모르게 여행의 끝 자락에 자신의 뒤를 돌아본다.

그녀는 진정한 관광객이 되어 보다.

그 순간 색다른 느낌의 터키가 그녀 눈앞에 놓여 있었다. 그녀는 관광객이 되는 것이 유치하다고 생각했던 것이 부끄러워 진다. 그녀는 주위를 둘러본다. 더 많은 평온과 따스함이 숨쉬고 있는 것을 느끼게 된다. 그녀는 마음 속으로 크게 소리며 다짐한다.

"세상은 다 똑같이 사는 거야. 나는 오만했을 지도 몰라. 반성해. 그리고 바르게 살자"

이스탄불의 구시가와 신시가를 잇는 갈라타교 아래에서 구시가를 바라보면 새파란 하늘과 더 파란 보스포러스 해협 사이로 모스크의 라인이 흘러간다. 회색이 그렇게 멋지게 보인 것은 처음이었다. 어디를 가도 잘 먹고 잘 자는 적응력 100%의 사람이지만 이런 낯선 풍경들 앞에서야말로 내가 여행자라는 사실에 설레임 비슷한 걸 느끼게 된다.

나는 지금 이스탄불의 한복판을 걷고 있어.

일행이 있는 여행이라는 것은

가이드 북이 소개하는 맛 집에서 뻘쭘하게 혼자 밥을 먹지 않아도 된다는 의미도 있고

몇 번씩 지도를 돌려가며 찾아도 길을 알 수 없을 때 책임을 반으로 나눈다는 의미도 있다.

한 발짝 뒤에서 바라본 내 Travel mate는 왠지 즐거워 보여 위안이 된다.

내 뒤에서 나를 바라보는 누군가에게 나 역시 그렇게 즐거워 보이기를 바란다.

당신의 여행은 즐거웠나요? ⓒ

"힘이 되요. 당신의 웃음이"

그녀, 한 여인을 보다.

언제부터인가 그녀는 어디를 가든 서점을 둘러보는 버릇이 생겼다. 이 여정에서도 역시나 그녀는 노점형태의 서점거리를 거닌다. 그녀는 한 여인을 본다. 그녀의 표정은 마치 친한 친구를 만난 듯이 너무나 밝고 생기가 넘쳐 보인다. 그것이 책을 사는 길이건, 시장을 보러 가는 길이건, 친구를 만나러 가는 길이던 여인의 웃음 가득한 표정은 그녀에게 가장 큰 기쁨으로 기록되는 중이다. 그녀는 한 발자국 더 다가가 그 여인을 다시 바라본다.

하루를 마무리하다.

낯선 곳에서의 일몰과 익숙한 곳에서의 일몰이 다른 느낌이라는 것을 알고 있나요? 그렇다면 당신은 배낭을 메고 세상 어느 곳에 점을 찍어본 적이 있는 사람일거라는 생각이 든다.

"오늘도 낯선 침대에서 낯선 공기 속에 하루를 마무리하는 거야."

어두워지는 하늘에 마지막 빛을 뿌리는 태양이 그렇게도 많은 얘기를 할 줄은 몰랐는데… 그건 아마 물 위에 떠 있기 때문일지도 몰라. 둥실대며 끊임없이 울렁이게 하는 바다 때문일지도 모르겠어. ⓒ

"기억해, 그리고 행복해"

그녀는 결국 마지막 쉼터에 도착한다.

그 동안의 많은 만남과 설렘, 새로움과 두려움,

수 많은 만남 속에 생긴 그리움과 감사함, 말로 다 할 수 없는 추억들로 벅차

그녀는 그냥 그 자리에 주저 앉고 만다. 테라스 너머 보이는 먼 풍경이

마치 그녀에게 이제는 돌아가라며 더욱 넓게 길을 열어 주는 듯하다.

그녀는 다시 힘을 내 일어나 돌아가기 위한 마지막 걸음을 딛는다.

그 풍경들이 그녀에게 인사한다.

"조금만 기다려, 곧 돌아 갈께"

여행의 순간에 내가 여행자라는 사실을 가장 뼈저리게 느끼는 때는

멋진 이국풍경에 셔터를 눌러대는 순간도 아니고

나와는 다른 눈빛들을 마주 대하며 묘한 긴장에 빠지는 순간도 아니다.

여러 날을 묵기로 하고 이것저것을 바삐 보고 다닌 어느 날에

이젠 제법 익숙해 진 숙소의 그 자리에서 아무것도 하고 있지 않은 그 순간.

그 잠시의 적막함이 '내가 먼 곳에 있구나' 하는 것을 새삼 일깨워준다.

그리고 곧 돌아가게 될 sweet home이 날 기다리고 있다는 사실도.